BIOGRAPHIC
LEONARDO

达·芬奇传

[英] 安德鲁·柯克 著
柴晓蕾 译

江西美术出版社
全国百佳出版单位

达·芬奇传

[英] 安德鲁·柯克　著
柴晓蕾　译

图书在版编目（CIP）数据

达·芬奇传 / (英) 安德鲁·柯克 (Andrew Kirk)著；柴晓蕾译.
-- 南昌：江西美术出版社, 2018.11 (2020.1重印)
ISBN 978-7-5480-6250-9

Ⅰ. ①达… Ⅱ. ①安… ②柴… Ⅲ. ①达·芬奇(Leonardo, da Vinci 1452-1519) - 传记 Ⅳ. ①K835.465.72

中国版本图书馆CIP数据核字(2018)第196785号

Biographic Leonardo

by Andrew Kirk

出 品 人 \ 周建森
策　　划 \ 李国强
责任编辑 \ 李国强
书籍设计 \ 韩　超
责任印制 \ 谭　勋

出　　版 \ 江西美术出版社
社　　址 \ 南昌市子安路66号
网　　址 \ www.jxfinearts.com
电　　话 \ 0791-86566329
邮　　编 \ 330025
经　　销 \ 全国新华书店
印　　刷 \ 浙江海虹彩色印务有限公司
版　　次 \ 2018年11月第1版
印　　次 \ 2020年1月第2次印刷
开　　本 \ 889 × 1194　1/32
印　　张 \ 3
ISBN 978-7-5480-6250-9
定　　价 \ 45.00元

目录

标志性

当我们可以通过一系列标志性图像辨识出一位艺术家时，我们也就知道了他对我们文化和思想的影响到底有多深。

介绍

莱昂纳多·达·芬奇，天才。博学家、典型的文艺复兴人、画家，制图师、建筑家、发明家、解剖学家、数学家、植物学家、地质学家、地图绘制师、土木工程师、机械工程师、军事工程师，达·芬奇的成就领域如此脍炙人口，以至很难划定他的专业范围。

糟糕的是，我们或许会开始认为他优秀到不太现实。他没有像西斯廷礼拜堂天顶画般的宏图伟作，这是他的对手米开朗琪罗经过多年呕心沥血绘制而成的，这幅作品无处不在呼喊“你在寻找他的纪念馆吗？请看你的周围。”相反，他有一幅小小的肖像画，《蒙娜丽莎》，遗世独立于卢浮宫的展厅，我们不太可能完全看到它，因为总有潜在的慕名者在防弹玻璃前穿梭，带着自拍杆的汹涌游客围绕着它。被复制，被恶搞，被粗鄙的畅销小说借来蒙上一层神秘面纱，或许《蒙娜丽莎》就像它的创作者一样，是其自身成功的受害者。

“他的超凡脱俗，让人无法穷尽赞美，他的所有行动都有着无限的恩泽；他是如此天赋异禀，无论多么困难的问题，只要他开启思维，就能轻松解决。”

——乔尔乔·瓦萨里《名人传》，1550年为了获取更多的视角，我们最好离开卢浮宫，前往温莎城堡看看达·芬奇的解剖素描。其中之一是在探索心脏的运作，或许是一只牛的心脏，达·芬奇已经切开，以便重现结构的一些细节。他在主动脉瓣的下面，观察到一个肿块，就是所谓的主动脉窦，他在里面灌了蜡液。然后移除了蜡周围的器官组织，并用模子做了一个玻璃结构模型。用泵把混合着草籽的水抽到模型里，他就能观察和描绘他创造的旋涡，并推算出这些旋涡一定在主动脉瓣的运作中发挥了重要作用。直到20世纪中期，达·芬奇的推测才被心脏病专家证实。这些小素描在一本约600页笔记的其中一页上，该笔记在1690年左右成为英国皇室的收藏，这些笔记表明，与其说达·芬奇是一个心有旁骛的画家，不如说他是一个智慧广博的实验科学家。

达·芬奇的解剖研究在他生前从未发表过，他在艺术、水利或几何方面的任何专论也都没有发表过。这或许是达·芬奇的神话变得如此影响巨大的原因，他的成就如此广泛和斐然，零碎笔记遍布全球的博物馆。

达·芬奇无法合适地归入任何类别，而且超脱于我们努力定义他的范围之外。他所有的发明成果、素描作品以及对他遗失作品的重建都向我们的理解发起挑战。最后，像《蒙娜丽莎》一样，他就在那儿，显然植根于15世纪意大利的环境中，也是我们现代世界的一部分。

"实验者如蚂蚁；他们只是收集并使用材料。蜜蜂亦是从花园和田野的鲜花中收集材料，但消化和酿造却是靠它自身的力量。"

——达·芬奇《笔记》，约1510年

莱昂纳多·达·芬奇

01
生活

“作品的缩写者们确实有损求知和热爱，对一切事物的热爱是知识的产物，知识越是明了，热爱越是炙热，而知识的明了来自于对构成世界的各个部分的全面了解……”

——达·芬奇《笔记》，约1510年

莱昂纳多·迪·瑟·皮耶罗·达·芬奇

于1452年4月15日晚10点半在托斯卡纳的芬奇小山镇出生。

达·芬奇是律师瑟·皮耶罗·达·芬奇和农民女儿凯特琳娜的私生子，关于他的母亲我们知之甚少。达·芬奇大约在芬奇小镇度过了他的大部分童年，作为成功职业人士的子嗣，他可能受过良好的基础教育。他后期与拉丁文作斗争的丰富记录暗示着他的学校教育可能局限于商业必备技能，而不是艺术或文学事业。瑟·皮耶罗获得在美蒂奇家族统治下的正式法律公证员职务，在15世纪50年代到60年代间的佛罗伦萨已经略有建树。因此，当达·芬奇开始在世上建功立业的时机到来时，自然而然地，他会搬到佛罗伦萨，在那里，他的父亲能为他扎稳脚跟进行必要的引导。

同样生于托斯卡纳的：
米开朗琪罗·博那罗蒂
（1475~1564），雕塑家、画家，是达·芬奇的有力竞争者。

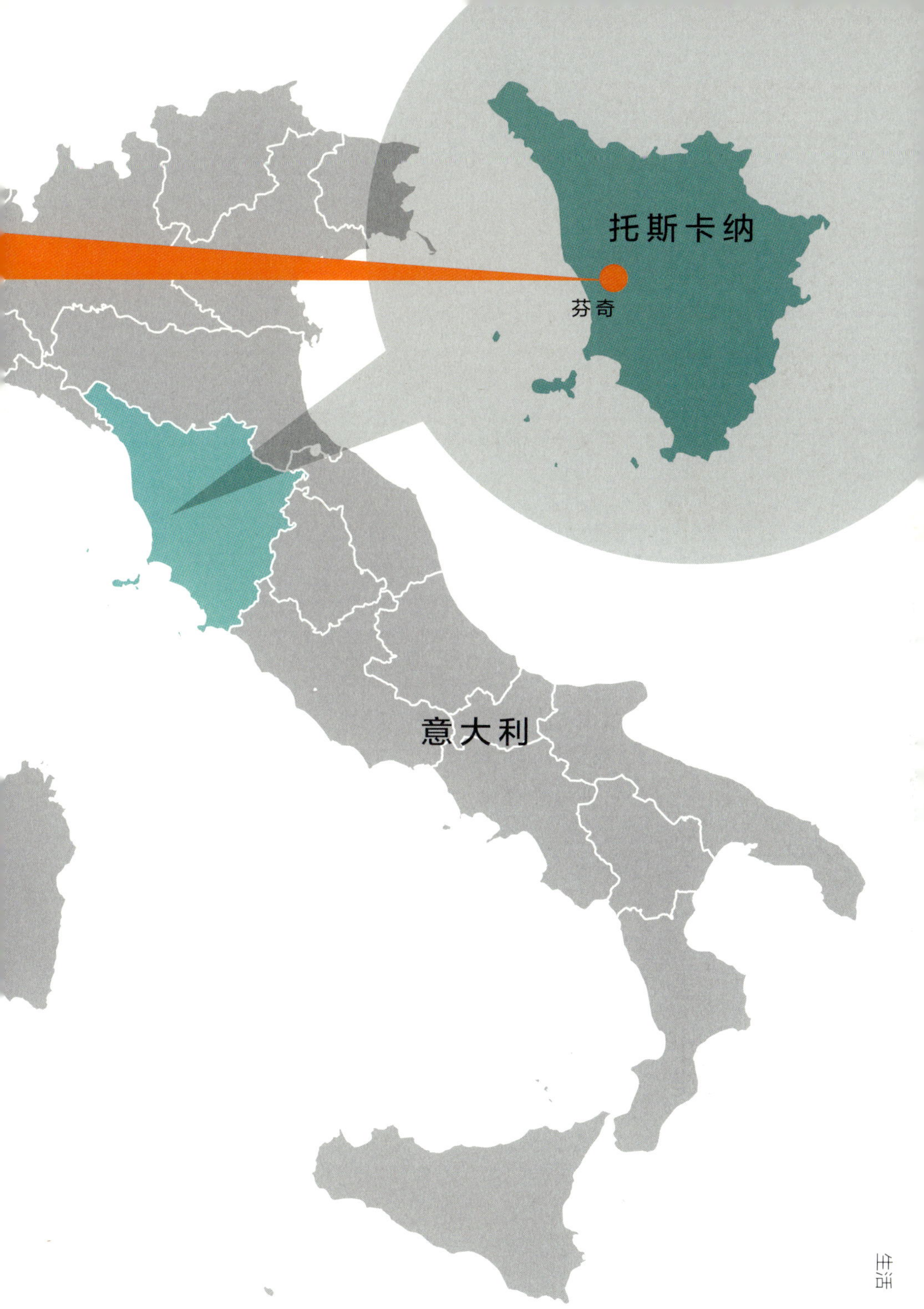
托斯卡纳
芬奇
意大利

1452年的世界

达·芬奇生于中世纪晚期之后的近代的开端。这是一个社会文化风起云涌的时代，意味着欧洲探索和殖民世界各地的全球化开端。1453年，君士坦丁堡对奥斯曼土耳其人的败落和新教改革运动挑战了传统的基督教观。新建立的贸易路线最终将会导致全球测绘，古藤堡印刷术的发明在新观点和新发现的传播中发挥了作用。在这一时期，佛罗伦萨将会成为艺术、技术和科学进步的中心，正是达·芬奇大展宏图的完美时机。

维杰瓦诺

卢多维科·斯福尔扎，未来的米兰大公，达·芬奇的赞助人，生于7月27日。

穆尔西亚

卡斯蒂利亚王国和穆尔西亚王国的联合军，在洛斯—阿尔波康尼斯战役中战胜了摩尔。

佛罗伦萨

洛伦佐·吉贝尔蒂完成了佛罗伦萨洗礼堂的青铜大门——著名的《天堂之门》。

北安普敦郡

理查·金雀花，英格兰未来的理查三世，于10月2日在佛斯林费堡出生。

罗马

弗雷德里克三世在3月19日加冕为神圣罗马皇帝；他是最后一位在罗马由教皇加冕的皇帝。

瓦努阿图

位于南太平洋瓦努阿图的库瓦火山爆发，喷发了大量的硫酸盐，导致全球变冷。

安东尼奥·达·芬奇
（祖父）
卢卡·达·芬奇
（祖母）
弗朗西斯科·迪·
安东尼奥·达·芬奇
（叔叔，死于1507年）
瑟·皮耶罗·迪·
安东尼奥·达·芬奇
（父亲，1427~1504）
凯特琳娜
（母亲）
莱昂纳多·迪·
瑟·皮耶罗·达·芬奇
（1452~1519）

达·芬奇家谱

达·芬奇儿童时由他的祖父安东尼奥和继母阿碧拉照料长大，他在祖父1457年的纳税申报单上被列为家眷。他的叔叔弗朗西斯科也照料过他，他们的关系一定密切，因为弗朗西斯科在1507年去世时，认定达·芬奇为唯一的继承人。

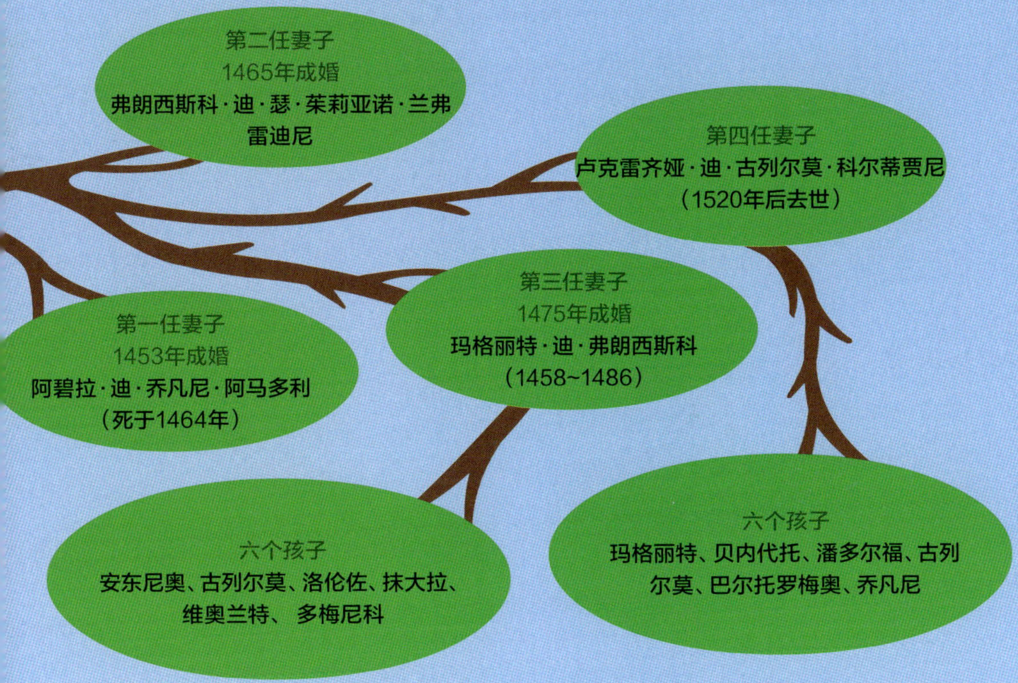

达·芬奇早年

达·芬奇早年大多在托斯卡纳山上度过，这里风景秀丽、万籁无声。16岁时，达·芬奇一头扎进佛罗伦萨喧嚣的城市生活中。据乔尔乔·瓦萨里所言，达·芬奇当时已显示出早期的艺术风格，他为邻居在盾牌上画了一幅画，是一只恐怖的野兽。作为备受尊敬的法律公证员，他的父亲能够帮他进入这个城市最负盛名的一个工作室做学徒，在这里，他的卓越天赋开始得到训练和发展。

约 1469

达·芬奇搬到佛罗伦萨，进入安德烈·德尔·韦罗基奥的工作室做学徒。

1472

达·芬奇出现在佛罗伦萨圣卢克画家行会的账册中。

1473

达·芬奇在他现存的广为人知的第一幅素描《托斯卡纳风景》上落款，“1473年8月5日，白雪圣母日”。

1481

达·芬奇离开佛罗伦萨，前往米兰，受雇于米兰大公卢多维科·斯福尔扎。

距离

佛罗伦萨距离米兰

302 千米

1476

达·芬奇似乎仍旧在韦罗基奥的工作室。

1476

达·芬奇是被指控鸡奸的四人之一；后来又被撤诉。

1474

达·芬奇独立完成了第一幅非常重要的作品《受胎告知》。

1482

卢多维科委托达·芬奇为他的父亲弗朗西斯科制作一座骑马纪念碑雕像，即斯福尔扎骑马像。

1483

达·芬奇受委托为圣弗朗西斯科大教堂的圣洁圣母兄弟会礼拜堂制作祭坛画《岩间圣母》。

1493

在卢多维科的侄女比安卡·玛丽与哈布斯堡王朝皇帝马克西米利安一世的婚庆日期间，斯福尔扎骑马像的模型出现在米兰大教堂。

1494

卢多维科将用以制作福尔扎旗8个铜像的青铜铸成大炮，以备法国入侵。

1495

达·芬奇开始在圣玛利亚慈悲修道院餐厅墙上绘制《最后的晚餐》。

1496

法国路易斯十二世进入米兰，卢多维科家族被推翻，达·芬奇离开米兰。

穿着时髦的人

当时的人描述达·芬奇非常英俊，胡须整齐，风趣幽默。从他1504年完成军事任务途中的衣服储存清单判断，他在着装方面似乎有着不凡的品位。

“画家衣着考究，坐在他的作品前，挥舞着蘸着可人颜色的小笔刷……”

——达·芬奇《论绘画》

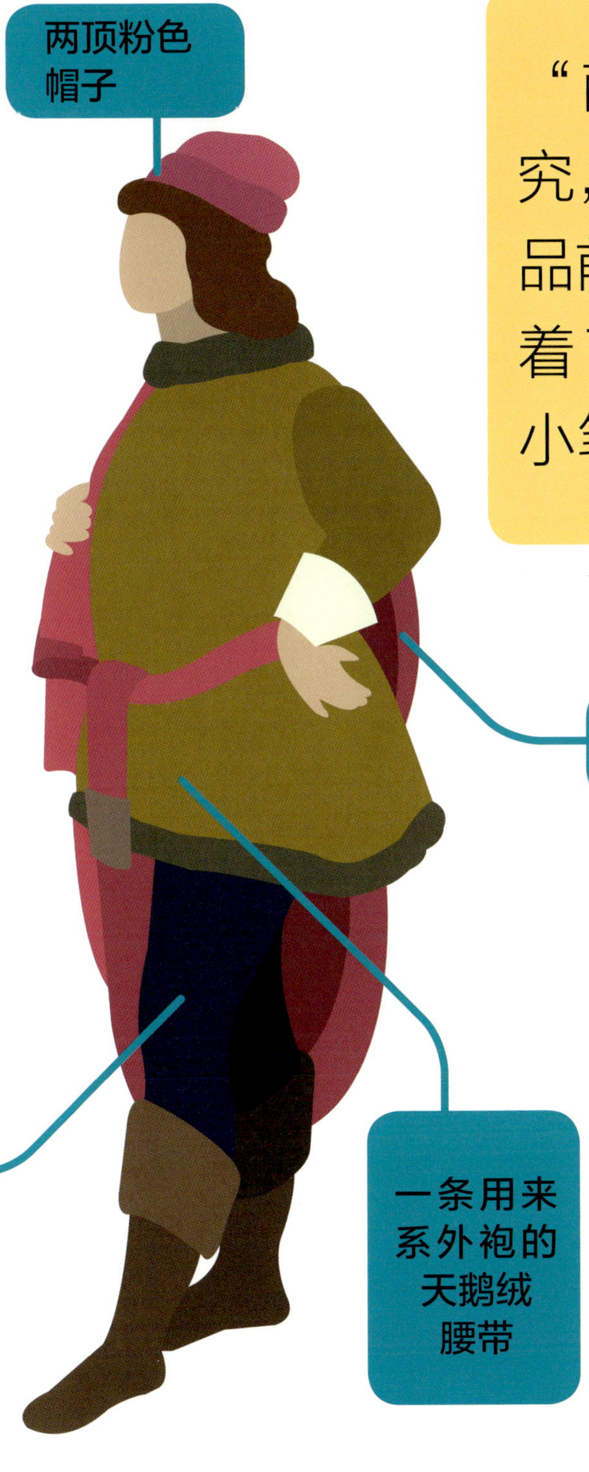

左撇子的天才？

除了《蒙娜丽莎》外，另一件众所周知的事情就是达·芬奇像所有的艺术天才一样，是左撇子。这一定得到大量当事人的见证，同时也被他笔记本中的镜像书写证实，左撇子很容易做到这一点。

然而，对左撇子天才理论而言，不幸的是有证据（一些证据确凿的例子）表明左撇子清单中的一些艺术家并非如此。

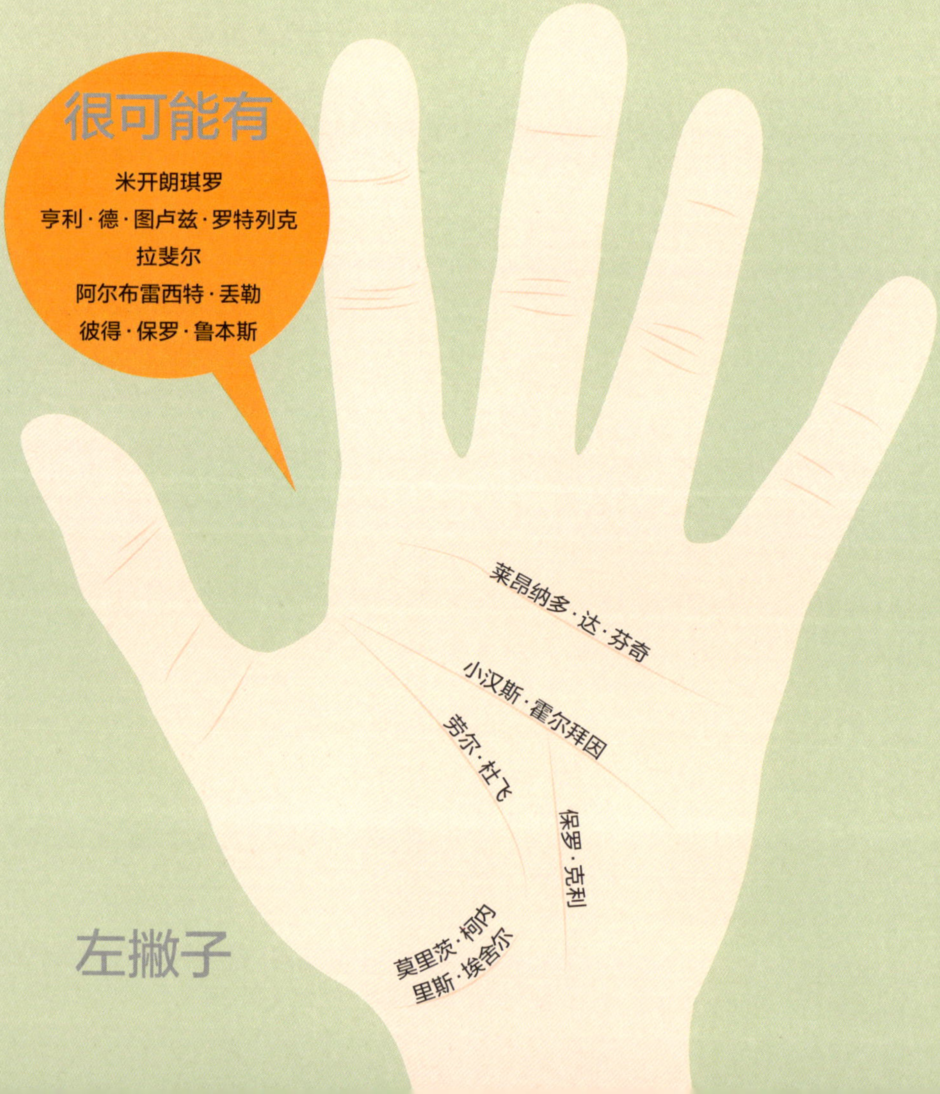

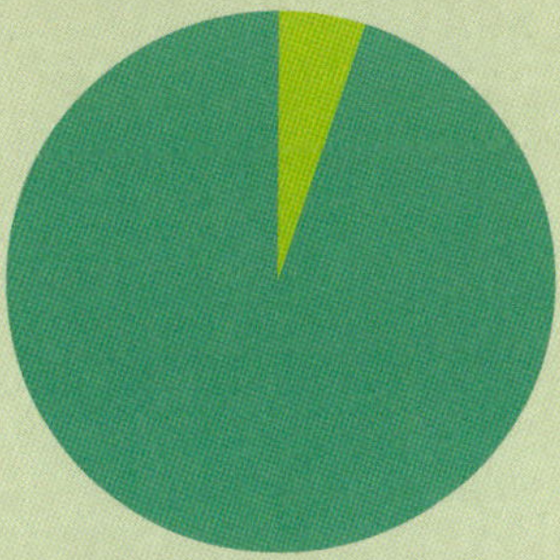

艺术家中为左撇子的比例占3%-5%

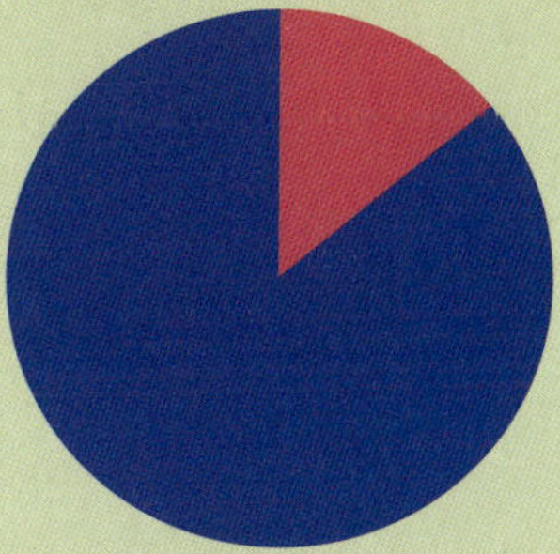

西方人口中的左撇子比例占12%—14%

数据来自1995年的《神经系统期刊》

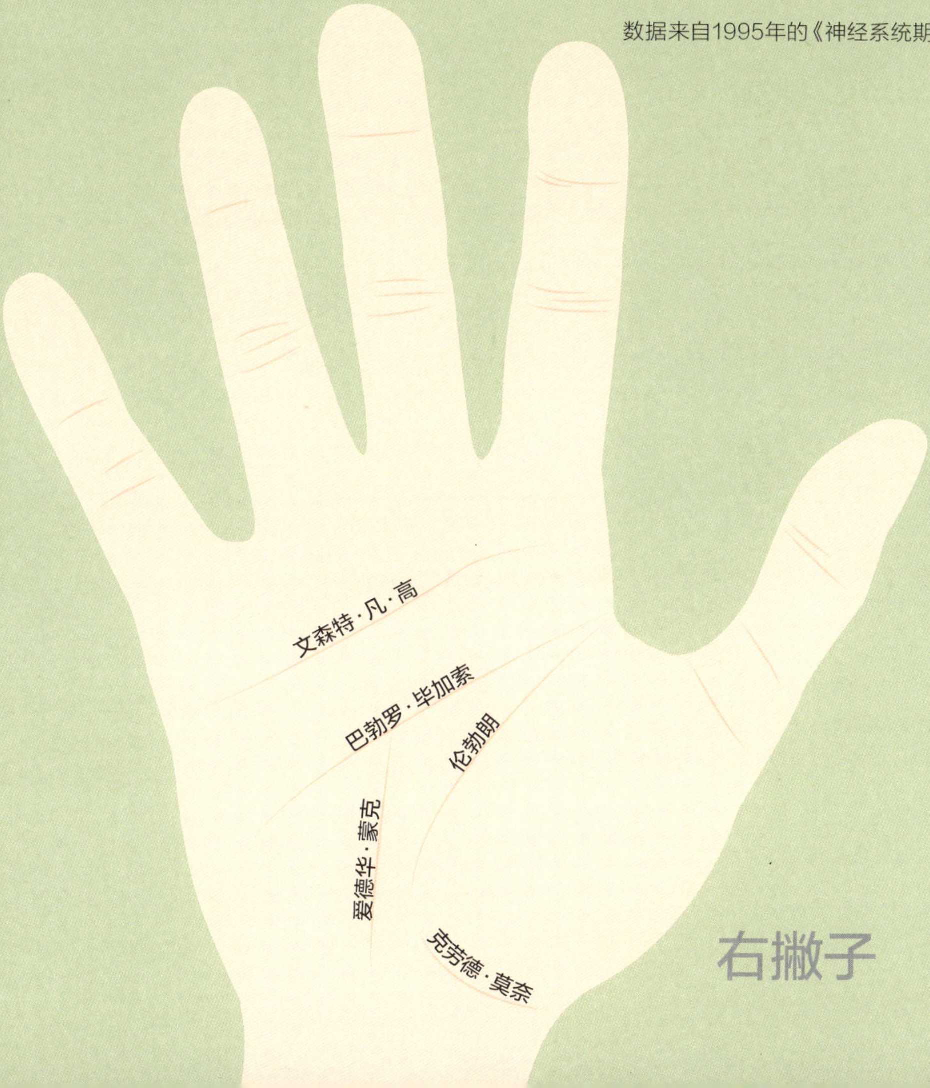

右撇子

素食者

古典时期的思想家们宣扬和实践素食主义，包括毕达哥拉斯、恩培多克勒和普罗提诺。对古典世界兴趣的全面复苏，构成了文艺复兴的基础，包括素食主义的重新发现，它的发展曾被归来的基督教阻碍。达·芬奇深信自然世界的所有一切是相互联系的，这使他采取素食。他的笔记本有购买草药的清单、脉搏图和食谱，其中之一可能是他的专利草药汤。

“人类和动物是食物的转化者和中转者，是动物的坟墓，是亡灵的归地。”

——达·芬奇《笔记》，约1510年

普菲力欧斯
（约234~305）
写了世界上第一本素食主义的专论——《论灵者的禁欲》

达·芬奇草药汤

- 半瓶脱醋
- 一把西芹
- 一把薄荷
- 一把野生百里香
- 一把烧焦的面包屑
- 一撮盐
- 一撮胡椒

1

取半瓶脱醋，
慢慢加热。

2

粗切一把西芹、
一把薄荷和一把百里香。

3

把加热的醋倒入罐子，
加上草药。泡制一夜。

4

加一把研磨成屑的
烧焦的面包。

5

重新加热混合物，
放入盐、胡椒调
味，大火加热。

达 · 芬奇的藏书

为了书便于保管，达·芬奇在1504年制作了一个书单。他列出了116卷有名书和50本无名书，这在当时数量可观。由此可见，他的兴趣范围之广。

- 40 科学和医学书
- 40 文学或语法书
- 12 宗教故事和传说
- 10 艺术、建筑和工程书
- 14 杂书
- 50 无名书

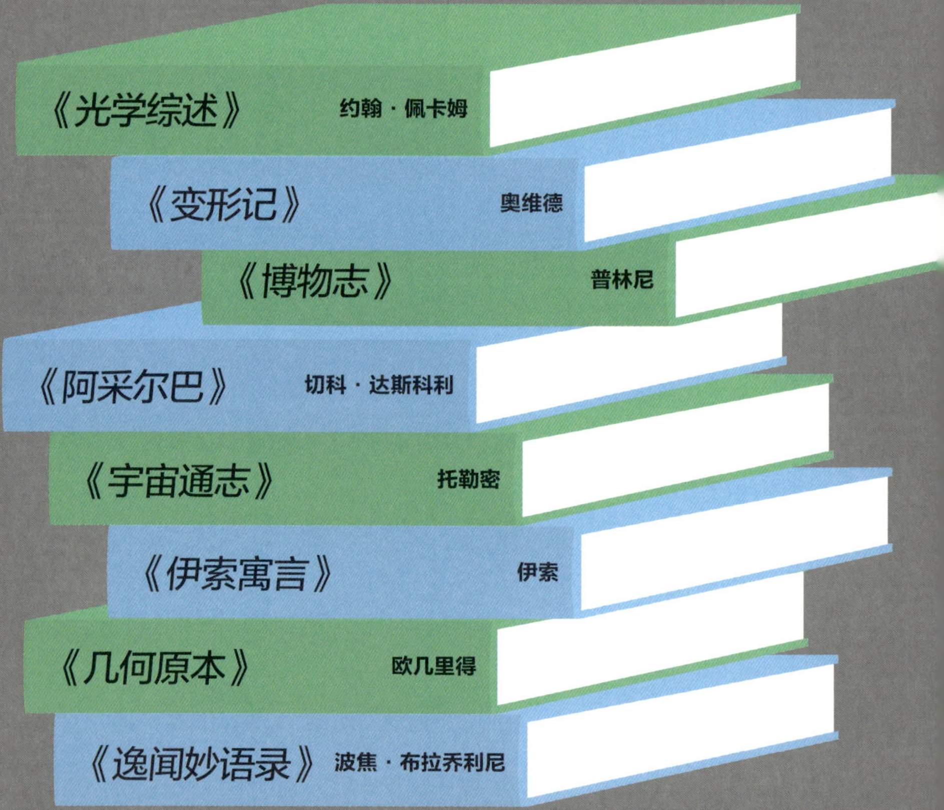

瓦普里奥·达达

1511年入侵的瑞典军队朝米兰开火。
达·芬奇前往梅尔兹家族的别墅。

米兰

1506年，在米兰的法国统治者查理二世的请求下，达·芬奇放下未完成的《安吉利亚之战》回到米兰。

帕维亚

1516年，达·芬奇为弗朗西斯一世服务，成为一名宫廷画家。

比萨

1503年，达·芬奇制定佛罗伦萨围攻比萨的军事方案。

佛罗伦萨

1507年，达·芬奇记录自己在佛罗伦萨圣玛丽诺娃医院中，解剖了一具“百岁老人”的尸体。

1503年，达·芬奇在佛罗伦萨政府的委托下为市政大厅绘制壁画《安吉利亚之战》。

1503年，达·芬奇开始为丝绸商弗朗西斯科·德尔·乔孔达的妻子丽莎·格拉迪尼绘制肖像画，就是之后著名的《蒙娜丽莎》。

天才的雇佣

1499年意大利爆发第二次战争，法国入侵米兰，推翻卢多维科·斯福尔扎的统治，迫使达·芬奇和他的助手沙莱、朋友卢卡·帕西欧里逃离这里。在成功返回佛罗伦萨前，他短暂地拜访了威尼斯。达·芬奇的各项委托迫使他从意大利去往法国。

罗马涅

1502年达·芬奇作为“建筑和总工程师”，受雇于教皇军队将军恺撒·博尔吉亚。

威尼斯

1500年，达·芬奇为威尼斯共和国抵御土耳其的威胁，在春末返回佛罗伦萨。

罗马

1513年达·芬奇到达罗马，成为教皇利奥十世的弟弟朱利亚诺·德·美蒂奇的门客，他在贝尔维第宫有一个工作室。

法国里昂

1515年，达·芬奇发明了一个机械狮，是洛伦佐·德·皮耶罗·德·美蒂奇送给弗朗西斯一世的礼物，在他从意大利去往巴黎时带到。

法国罗曼罗廷

1517年，达·芬奇为国王绘制宫殿图稿。

法国昂布瓦兹

1519年4月23日，在皇室宫廷了解他的意愿前离开，5月2日死于克洛吕斯城堡。

达·芬奇的弟子们

众所周知，达·芬奇的随行助手们年轻帅气，他们的衣服和理发花销出现在达·芬奇的账单中。由于传统婚姻和家庭的缺失，这些迷人的男孩们便成了达·芬奇的另外一种家人。在所有的学生中，和他关系保持最长久的有两个，吉安·贾可梦·卡坡蒂和弗朗西斯科·梅尔兹，他们还是孩子的时候就成了他的学徒。

吉安·贾可蒙·卡坡蒂，众所周知的沙莱
1480~1524

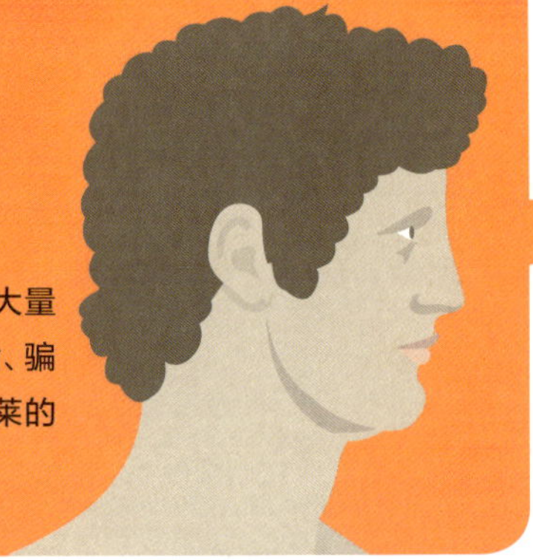

沙莱，“小魔鬼”，十岁时就进入达·芬奇的家庭，笔记中有大量他偷窃周边人现金和财产记录。达·芬奇把他描绘成“小偷、骗子、顽劣者、贪婪者”，但是也记录了他那美丽的卷发，沙莱的顽劣性格造成他的扒手行为。

乔凡尼·弗朗西斯科·梅尔兹
约 1491~1570

梅尔兹生于贵族家庭，在1570年前来到达·芬奇的家庭。他成为达·芬奇最爱的学生，达·芬奇去世后，在保存他的笔记上发挥了重要作用。

达·芬奇是同性恋吗?

尽管达·芬奇的其他简明笔记很少透露他的私生活，但是大部分专家都同意他很可能是同性恋。在15世纪的意大利，同性恋很普遍，况且达·芬奇从未结婚。或许，不必奇怪于他个人在这方面的小心谨慎，因为在1476年，他逃离了一场潜在的毁灭式的控诉。

其他学生

马可·多吉奥诺

约

1470~1549

生于米兰附近，但是关于他我们几乎一无所知。他复制了达·芬奇的大量作品，尤其是《最后的晚餐》。

乔凡尼·博尔特拉菲奥

1466~1516

生于米兰的一个艺术之家，他是达·芬奇的学生中最有成就的。

达·芬奇之死

达·芬奇在1519年5月2日死于昂布瓦兹的克洛吕斯城堡，当时正在为弗朗西斯一世服务，享年67岁。虽然在国王的臂弯中去世的故事是虚构的（弗朗西斯当时不在），但毫无疑问，法国国王视达·芬奇的作品为宫廷中最有价值的装饰品。他的追随者悲痛欲绝，而且及时肩负起完整保存他遗产的任务。据说由沙莱保管达·芬奇的巨作，这些作品陪伴着达·芬奇在欧洲宫廷游历，而梅尔兹保存了其大量的手抄笔记。

“我无法表达我陷入的巨大悲痛，因为我周身的细胞仍旧使我觉得我将陷入永远的悲伤中。”

——梅尔兹，写给同达·芬奇亲如兄弟的洛伦佐的信，1519年。

60

名信徒跟随着达·芬奇的葬礼队伍。

莱昂纳多·达·芬奇

02 世界

“评估统治者才智的首要方法就是看看他身边的人。”

——尼可洛·马基雅维利《君主论》，1513年

城邦国家

在达·芬奇时期，意大利半岛分裂为区，许多以城市为中心的行政区在罗马帝国的衰落中幸存了下来，保留了罗马共和政治制度。除了阿尔卑斯山外的其他欧洲地区，这些城邦国家大都自治，没有在专制君主的统治下。这些独立共和国之间的竞争，经常被公认为商业、资本、城市化、文化和艺术快速发展，即我们现在所知的文艺复兴的根源。

从11世纪到14世纪，意大利人口增长了一倍。

威尼斯、佛罗伦萨和米兰的每个城市居住人口都超过

100000

20%

的人口

居住在城市

佛罗伦萨

卢卡·帕乔利

（约 1447–1517）

发明了

现代

会计学

和簿记

城邦国家间的竞争

佛罗伦萨和米兰是达·芬奇职业生涯中的两个重要中心。佛罗伦萨是滋养他艺术天赋和才智的富饶土壤，而米兰为他提供了舞台，使他构思和绘制出一些伟大的作品。

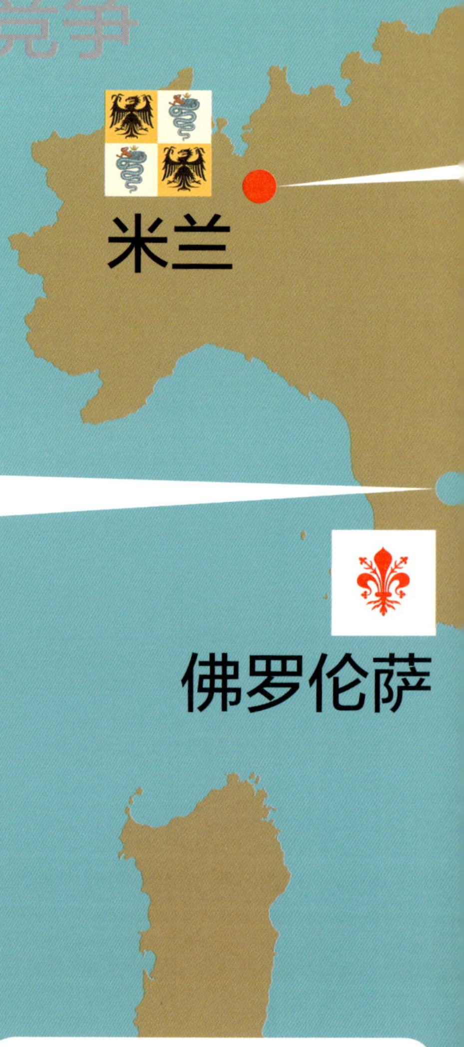

人口：大约10万
● = 1000人

政府

共和政体由九人委员会统治，
但是受美蒂奇家族控制。

经济基础

银行业和羊毛

著名人物

尼可洛·马基雅维利（1469~1527）
洛伦佐·德·美蒂奇（1449~1492）
吉罗拉莫 ·萨沃纳罗拉（1452~1498）

重要建筑

1.圣母百花大教堂 2.维奇奥桥 3.维奇奥宫

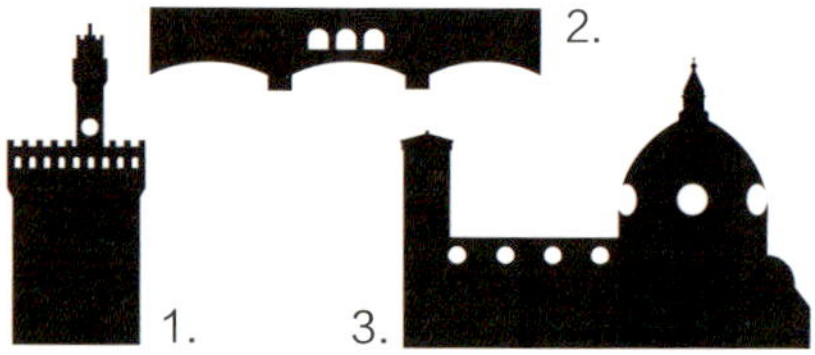

人口：约20万
● 1000人

政府

米兰大公卢多维科·斯福尔扎专政

经济基础

贸易、丝绸和农业

著名人物

弗朗西斯科·斯福尔扎（1401~66）
卢多维科·斯福尔扎（1452~1508）

重要建筑

1.斯福尔扎城堡　2.感恩圣母堂
3.米兰大教堂

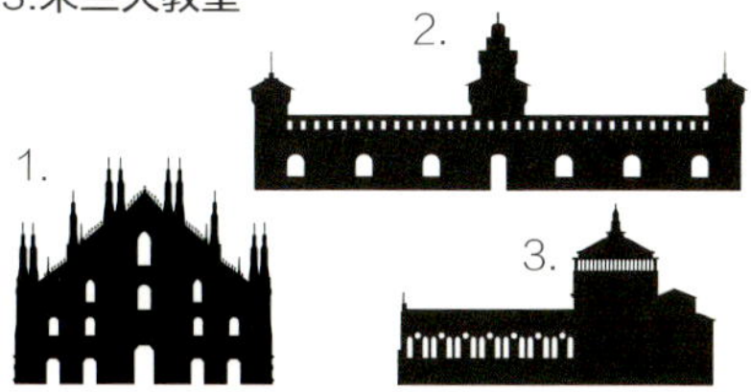

达尔文主义者：达·芬奇

基督教传统认为人类是介于上帝和动物之间的生灵。达·芬奇深信所有自然有机物是相互联系的，这使他认为人类和动物一样，是由相同的物质构成，而且所有生存的有机物是关联的，这在当时被视为异端分子。在这方面，他比查尔斯·达尔文建立的自然界的现代图谱早350年。

> “人类，对他的描述里，应包含狒狒、猴子等诸如此类的许多近似物种。”
>
> ——达·芬奇
> 《笔记》，约1510年

达·芬奇/达尔文

1859年，查尔斯·达尔文发表了《物种起源》。阐发了两种观点。第一，所有的物种都来自同一个祖先。第二，物种的多样化源自特定自然变异的有利性，这让生物在生存和繁衍上占据有力竞争条件。

由卡雷尔·林奈（1707~1778）创造的完善的标准生物分类法，认为人类处于食物链的顶端，而其他动物的排名由它们和人类的不同来决定。达·芬奇和达尔文有效地创立了生物分类法开端，为动物生命打下了基石。

达·芬奇的关系网

- 艺术家
- 政治家
- 科学家/工程师

多梅尼哥·基兰达约
(1449~1494)

佛罗伦萨画家，是韦罗基奥工作室的一员，和达·芬奇同期。

安德烈·德尔·韦罗基奥
(约1435~1488)

佛罗伦萨画家、雕塑家，达·芬奇是他的学生。

菲利皮诺·利皮
(1459~1504)

画家，他至少完成了两个达·芬奇未完成的委托。

安东尼奥·波拉约洛
(1429~1498)

佛罗伦萨画家、雕塑家，是韦罗基奥的竞争对手，经营着一间工作室。

乔尔乔·瓦萨里
(1511~1574)

画家、史学家，他写了达·芬奇传记，并且在佛罗伦萨市政大厅的达·芬奇未完成的《安吉利亚之战》上覆盖了作品。

米开朗琪罗
(1475~1564)

雕塑家、画家、建筑师，是达·芬奇的有力竞争者。

尼可洛·马基雅维利 (1469~1527)

外交家、政治哲学家，在佛罗伦萨和比萨的战争期间，他和达·芬奇共同制定了一个规划，改变了阿诺河的河道。

恺撒·博尔吉亚 (1475~1507)

贵族和军队指挥官，他雇佣达·芬奇为教皇军队顾问。

弗朗西斯科·迪·乔治 (约 1439~1501)

锡耶纳建筑师和工程师，是达·芬奇在米兰时期的同代人。

卢卡·帕乔利 (约 1447~1517)

佛罗伦萨数学家，他的著作《神圣比例》中有达·芬奇绘制的素描插图。

多纳特·布拉曼特 (1444~1514)

卢多维科·斯福尔扎的宫廷建筑师，达·芬奇的朋友。

拉斐尔 (1483~1520)

画家、雕塑家，受竞争者达·芬奇肖像画的影响。

桑德罗·波提切利 (1445~1510)

佛罗伦萨画家，达·芬奇的朋友。

米开朗琪罗

这两位艺术巨星不仅生活在同一时期，而且生活在同一地区，并且为一些相同的雇主工作，这一点令人惊叹。他们从未谋面，这一点或许不那么令人吃惊。米开朗琪罗视达·芬奇为半吊子和骗子，而达·芬奇视这位年轻的竞争者为粗俗的傲慢者。文艺复兴的艺术世界竞争激烈，因为周边的赞助和委托数量有限，而这两位同代者的竞争更是如火如荼。

37 座雕塑

生于1475年，死于1564年，享年89岁

10 座建筑

300 多首诗

7 幅画

个性：
粗鲁、暴躁、独行。

最伟大的作品：
《大卫》
《西斯廷天顶画》

达·芬奇

大约
6000 张手写笔记和素描

20
幅绘画

最伟大的作品：

《蒙娜丽莎》《最后的晚餐》

生于1452年，死于1519年，享年67岁

个性：

优雅、迷人、随和。

“观察水面的运动，
它多么像头发，
头发有两个动向，
一个取决于头发的
重量，一个取决于
头发卷曲的方向；
因此水形成旋涡，
一方面受总水流的
影响，一方面随机
运动，并回流。”

——达·芬奇《笔记》，约1510年

旋涡

达·芬奇探索空气流动形成的旋涡，血液流经心脏的循环，人类头发的样式，正如在他遗失的作品《丽达和天鹅》中看到的那样。他在素描中描绘的旋涡有贝壳、植物、母牛的子宫和一系列暴风图片。水流是一个单独的观察。达·芬奇写他得出了“730个水的结论”，列出了64种不同的水流运动名词。

比较论

比较论是一个名词，用来指文艺复兴期间发生的争论。他们以重现自然世界的能力为依据，宣讲不同艺术门类的相对优势。巴尔达萨雷·卡斯蒂缪内的《廷臣论》里有一个关于绘画和雕塑功绩的争论。这场争论提高了视觉艺术的地位，它不像诗歌和音乐，之前被视为手工工艺。

绘画是最好的

- **它需要想象和技巧，不像雕塑**
- **可以呈现整个场面或故事**
- **可以让画家把颜色和明暗呈现出最好的效果**

雕塑是最好的

- **比绘画更加持久和永恒**
- **源自最古老的模型，是最重要的艺术形式**
- **可以以三维的方式描绘自然**

莱昂纳多·达·芬奇

03

作品

“自然是大师的情人，而那些认为是自己统领一切而非自然的人，只会徒劳无功。”

——达·芬奇《笔记》，约1510年

学生变成了大师

已知的达·芬奇最早的作品是一个小天使，位于他的老师韦罗基奥的《基督受洗》中的底部一角。和韦罗基奥那呆板、僵硬的基督相比，达·芬奇的天使由内而外散发着生动的光芒；身体显得温暖而柔软，如瀑布般的金黄色卷发标志着他出自儿童期的达·芬奇。据说，这位学徒的技术使他的老师完全放弃了绘画。

▲ **《基督受洗》**
安德烈·德尔·韦罗基奥
板上油画和坦培拉，1472年—1475年，
70英寸×59英寸（177厘米×151厘米）

"达·芬奇描绘了一个天使……而且这种呈现方式让达·芬奇描绘的天使比安德烈描绘的人物更加出色。这就是安德烈不再碰颜料的原因……"

——乔尔乔·瓦萨里，《名人传》，1550年

《受胎告知》是达·芬奇已知的第一幅独立完成的作品。它使用了来自韦罗基奥画室中的母题，但是画中有一些元素显示出了达·芬奇成熟期的风格。

▲ 《受胎告知》
板上油画和坦培拉，约1472年—1475年，
38英寸×85英寸（98厘米×217厘米）

透视

这幅作品的透视非常呆板和吃力，圣母离讲经台太远，显得胳膊似乎过长。这幅画可能是打算从右边来观看的。

观察

背景中的花坛和岩石风景的细节显示出达·芬奇科学观察的潜力。

光线

照亮人物的柔和暗光最早显露出渐隐法（意大利语“烟雾”），这种风格使他后来的作品——最著名的《蒙娜丽莎》引人注目。

飞行观

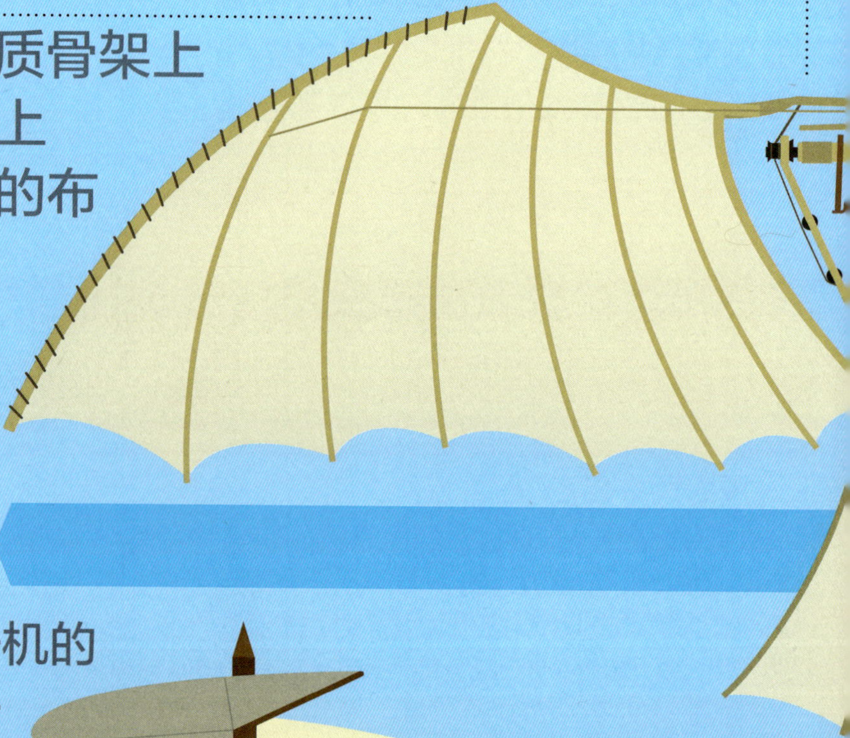

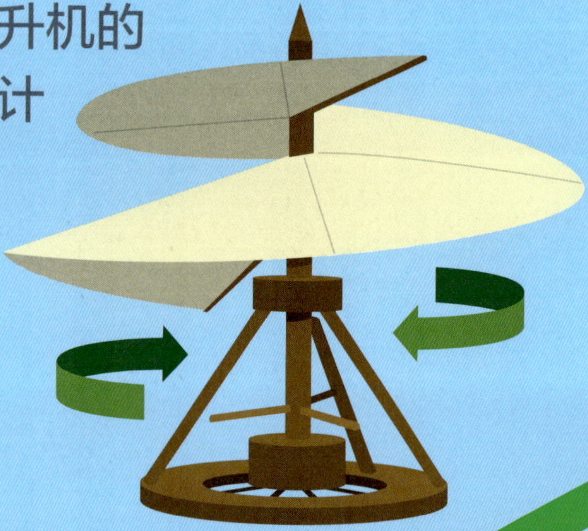

纵观达·芬奇的职业生涯，显然他多次回到人类拥有飞行能力的想法。现藏都灵的1505年的所有文章，都致力于研究和描绘鸟和翅膀，还记录了机翼形状和升力系数。他设计过一些直升机，但是大部分的方案都是为了一个带翅膀的机器——乌切洛，一只“鸟”。我们不知道他的机器是否曾经试飞过，但是他的设计稿旁有一条笔记，预告他将在湖边试飞……

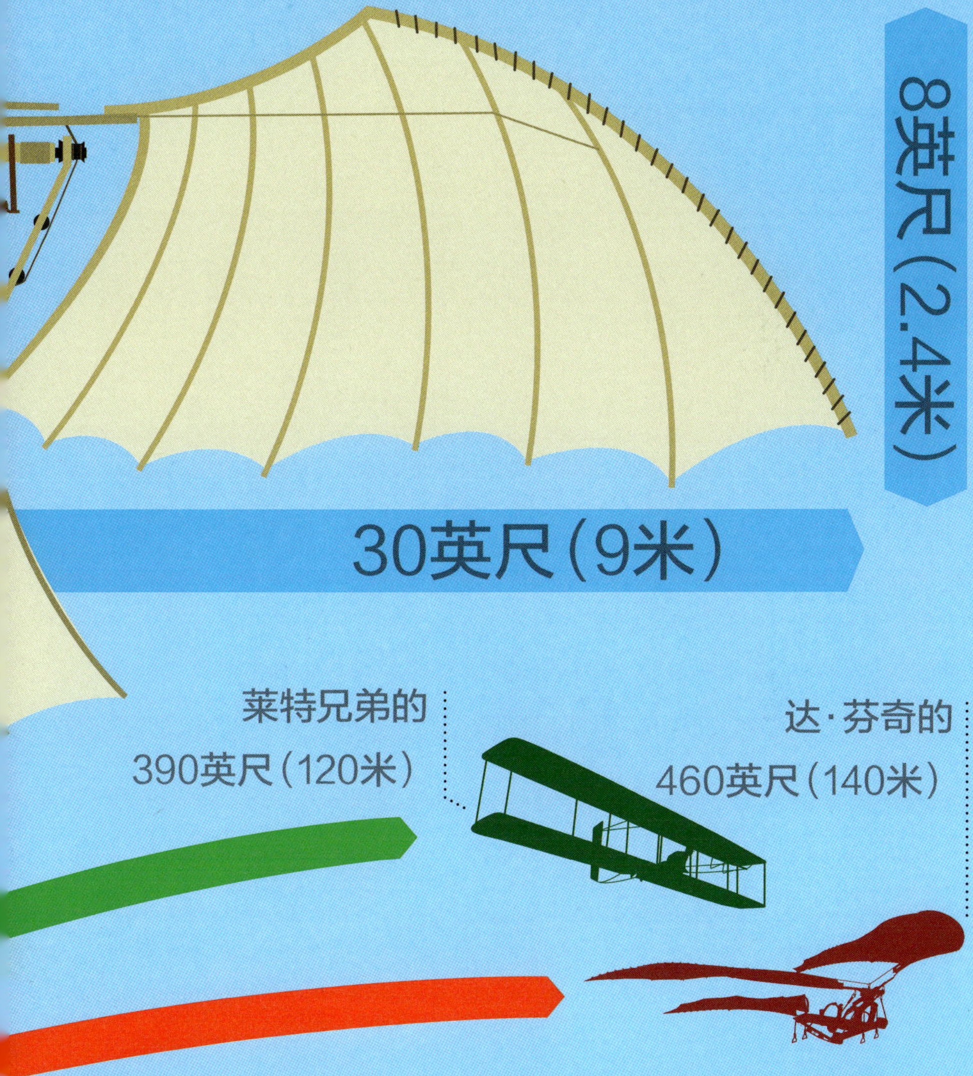

悬挂滑翔机冠军朱迪·雷登，在2003年基于达·芬奇的设计，用一架滑翔机成功飞行。达·芬奇的设计是一架飞机，早于莱特兄弟在1900年的第一次滑翔尝试。

我可以介绍下

艺术大师达·芬奇能提供什么……

达·芬奇明显无法完成他在佛罗伦萨接到的委托，这暗示着他不是适合商业需求的艺术家，而是作品寥若晨星的文艺复兴的艺术家。他需要的是富有的赞助人提供的丰厚薪水，十足强盛的米兰城邦的绝对统治者卢多维科·斯福尔扎正是理想的候选人。达·芬奇的介绍信显示出他意识到了他这位目光长远的赞助人的优先选择，因为他把自己展现为一位涉猎绘画和雕塑的军事工程师。

01 轻便桥，“摧毁和烧毁敌人桥梁的方法”

02 排水沟渠

03 毁坏每座城堡和堡垒的方法，“即使是用石头建造的”

04 挖地道的方法

05 投掷小石头的射石炮，“几乎像一场暴风雨”

06 新型的覆盖战车

07 各种类型的枪，“美观且超出一般用途”

08 弩炮“超出一般用途且有神效”

09 “如果它用在海里，我有各种类型的设备来有效防御和反击”

顺便说一句……

10 “我可以用大理石、铜和土制作雕塑；同样也可以画出来，媲美于其他任何……”

《大西洋手稿》

《大西洋手稿》被认为是达·芬奇现存最重要的素描和文字集。这部手稿包含12卷皮面集，里面的素描和观点主题广泛，从飞行、武器到绘画和雕塑研究。它的名字来源于它的规格，相当于一本地图集。在达·芬奇去世后，他的学生弗朗西斯科·梅尔兹，把他的大量笔记安全地保存在一起，但是在梅尔兹去世后，笔记在艺术商人和收藏家间广泛散布。在16世纪末，意大利雕塑家彭佩欧·莱奥尼获得了达·芬奇的大量笔记。他着手把分散的笔记裱到大纸上（这种纸当时用来制作地图），然后再逐渐把它们制为集。手稿最终于1637年在米兰的安布罗修图书馆找到了家。度过了160年，在1796年法国入侵意大利时，拿破仑·波拿巴把它带到了卢浮宫。后于1815年返回米兰，现仍在安布罗修图书馆，在那里它被保存在温度和湿度可控制的环境中。

包含的科目有

解剖学、建筑学、
天文学、 植物学 、化学
工程学、预言、飞行
几何、水利学
数学、机械、科学、乐器
哲学沉思、绘画研究、雕塑研究
武器、动物学。

尺寸

25英寸X 17英寸
(65厘米 X 44厘米)

中等

笔和水彩

大炮和炮弹 ▼
《大西洋手稿》第31页

1478—1519

达·芬奇创作了《大西洋手稿》。

1519

莱昂纳多去世后，被弗朗西斯科·梅尔兹继承。

1570

梅尔兹去世，笔记被散播，最终被销售。

16世纪末

雕塑家彭佩欧·莱奥尼把笔记制为集。

1637

莱奥尼的亲属把手稿卖给伽里阿佐·
阿克那提伯爵，他捐献给安布罗修图书馆。

1796

拿破仑战胜米兰，点名把作品送到
巴黎卢浮宫。

1815

手稿返回到
米兰的
安布罗修
图书馆。

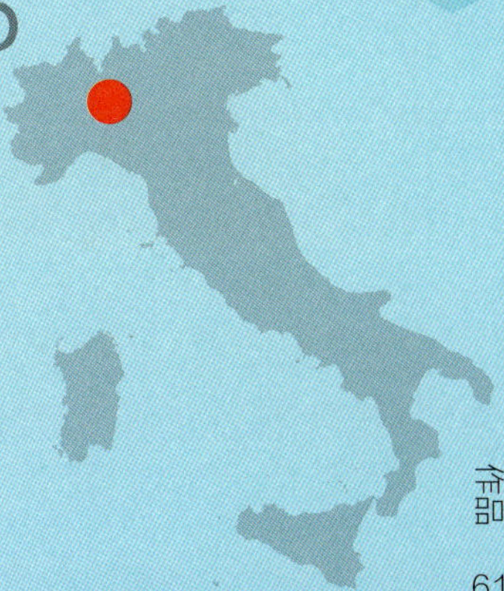

维特鲁威人

达·芬奇的维特鲁威人是自然又神圣和谐观点的图像表达，自然是上帝根据一系列的理想准则和比例创造的。这个典型人是这一神圣几何学的微缩反映。广义来说，建筑作品也是以人体比例为基础的。这个观念是文艺复兴的思想家通过对透视和和谐几何关系的细致入微的分析总结得出的。

化圆为方

“化圆为方”是一个著名的几何挑战，即用同一个面积来勾出正方形和圆。这个问题困扰了几个世纪的数学家和哲学家后，在1882年被证实为不可能，因此这个词更常用来隐喻尝试不可能完成的事情。

维特鲁威人是谁?

维特鲁威人是维特鲁威《论建筑》第三卷中一段文字的视觉表达，文中描述了一个比例尺寸完美的人。

维特鲁威人同时完美地放入一个圆形和正方形中，证明理想的人体比例与两个理想的几何图像相关，而这两个图像正是古典建筑的基础。

维特鲁威（约公元前75年到约公元前15年）罗马建筑家和土木工程师，他十卷本的《论建筑》在文艺复兴时期影响广泛。

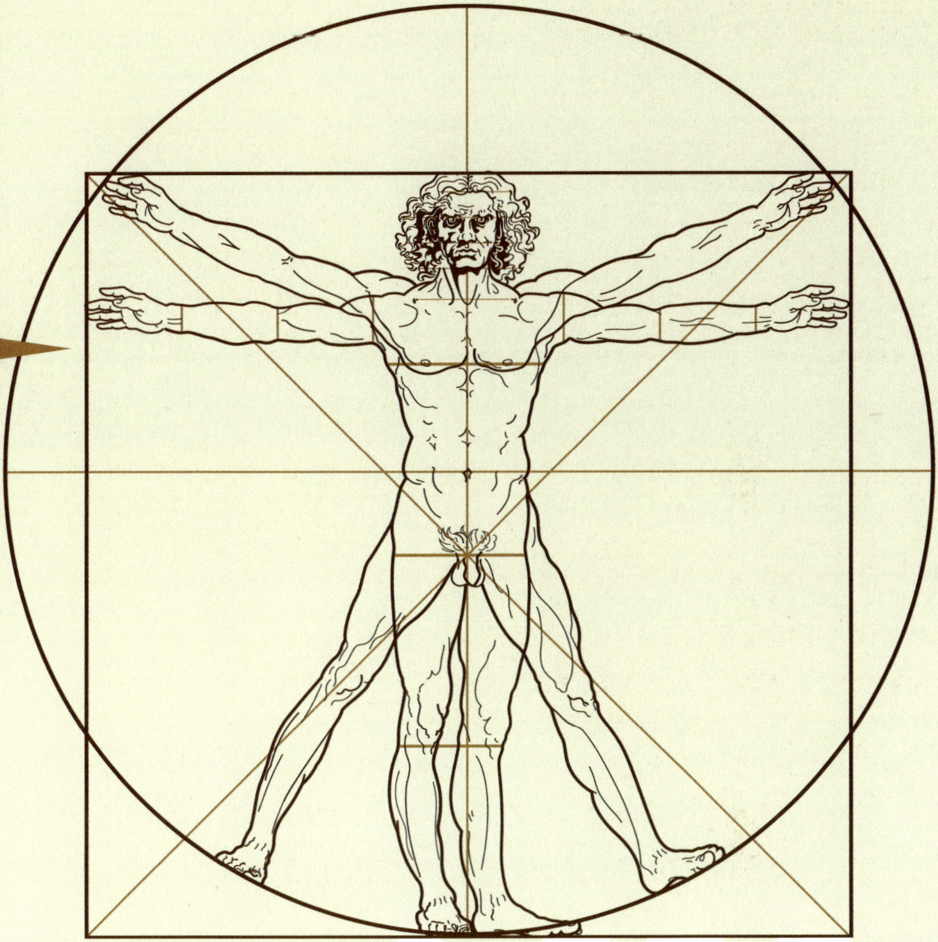

这张素描旁有一段落款，
是达·芬奇著名的镜文，
读起来是：

- 四指为一掌
- 四掌为一足
- 六掌为一腕尺
- 四腕尺为一人
- 四腕尺为一步
- 二十四掌为一人

土木工程

1504年，达·芬奇重新审查了一个旧规划，开凿佛罗伦萨到比萨西部阿诺河可航行部分的运河，需要疏通河水无法流通的岩石蜿蜒地。他制作的地图生动地呈现了这个地区的地貌——你几乎可以听见汹涌奔腾的河流！但是达·芬奇的声测工作是由他的绘图师完成的。他选择穿过塞拉瓦莱山的窄道前，呈拱形从西北方向穿过平原——显然这条路径400年后被A11高速公路的工程师采用。

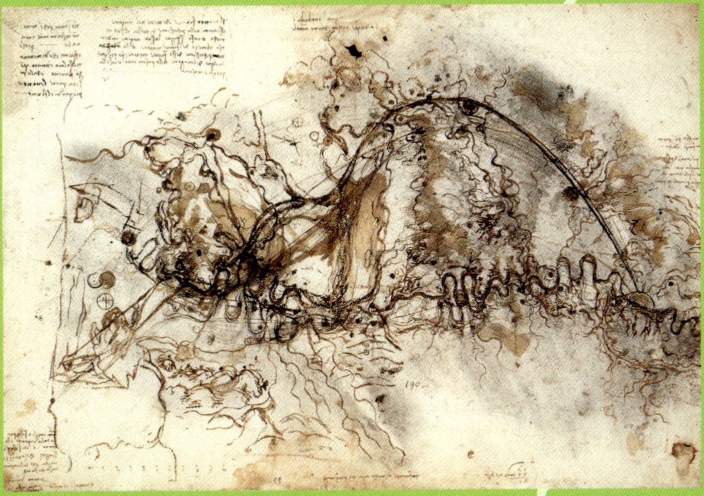

《运河开凿计划图》▶
羽毛笔、墨水在黑石头上所画，1503~1504，温莎城堡，皇家图书馆。

巨马

关键

《加塔梅拉塔骑马像》
多纳泰罗（1453年）
高12英尺（3.7米）

《巴尔托罗梅奥·柯莱尼奥骑马像》
安德烈·德尔·韦罗基奥（1488年）
高13英尺（4米）

《马可·奥利略骑马像》
（公元175年）
高14英尺（4.3米）

卢多维科·斯福尔扎交给达·芬奇的第一个委托是为他的父亲，斯福尔扎王朝的创始人，弗朗西斯科创作一座骑马像。为了表现米兰公爵的地位（或许是为了掩盖其羞于启齿的过往：斯福尔扎家族的祖辈是一名非法雇佣兵），这座纪念碑用前所未有的尺寸来展现。达·芬奇在大公雕像的稳定方面花费了数月，绘制了详细的结构草图，而且设计了必要的装置把青铜雕像铸造为一体。遗憾的是一切停滞了，自从1499年法国把卢多维科赶出米兰后，雕像就再未完成，巨马（在一些角度，似乎看不见骑马者弗朗西斯科）只以传说的形式出现。

达·芬奇的骑马纪念碑像最终在1999年实现，当时米兰揭幕了一个等大雕像。第二座铸像由慈善家弗雷德里克·梅吉尔委托，坐落于弗雷德里克·梅吉尔公园，而且这个密歇根大急流城的雕像公园也在1999年成立。

像圣母一样

达·芬奇在1483年受到米兰的圣洁圣母兄弟会的委托为圣弗朗西斯科大教堂的礼拜堂画一幅祭坛画。25年后，经过一番合约争议、法律威胁、司法审判以及第一版《岩间圣母》的神秘失踪后，达·芬奇的第二版最终安放在兄弟会的礼拜堂。两个版本的故事显示出和天才合作的曲折道路。

▲ **《岩间圣母》(巴黎)**
版本一
板上油画转移到布面
1483~约1486
78英寸×48英寸
(199厘米×122厘米)

▲ **《岩间圣母》（伦敦）**
版本二
板上油画
约1495~1508
74英寸×47英寸
（189厘米×120厘米）

1483年，达·芬奇接到委托为圣洁圣母兄弟会绘制祭坛画。

约1486年，《岩间圣母》完成，但是由于合同纠纷，没有安放。

1491年，达·芬奇给卢多维科·斯福尔扎写信，抱怨圣洁圣母兄弟会没有支付佣金。

约1493年，第一版大约卖给了卢多维科·斯福尔扎。

约1495年，开始绘制第二版。

1503年，兄弟会公证人为喋喋不休的佣金争论起草了一份概要。

1506年，公证人协商了一份协议，同时验收半完成的第二版。

1508年，第二版完成后，收到了佣金。

1576年，拆毁教堂时，移走第二版作品。

1625年，第一版由法国皇家收藏。

1785年，兄弟会把第二版卖给英国画家加文·汉密顿。

1880年，第二版卖给英国国家画廊。

战争的对决

米开朗琪罗和达·芬奇之间的艺术对决机会在1503或1504年出现，当时佛罗伦萨共和国委员会委托他们俩人为他们的大议会厅各画一幅战争场景。正如我们所知，这两幅杰出的作品展示出这两位对决艺术家的不同激情和专注。在这次对决中，没有任何作品完成。教皇朱利二世召唤米开朗琪罗到罗马设计教皇陵墓。达·芬奇在1506年被米兰的法国统治者邀请走了，尽管佛罗伦萨委员会尽力要求他完成合约，但他并没有返回作画。1512年，西班牙洗劫了佛罗伦萨，帮助美蒂奇重获权力，这场竞争就此终结。

米开朗琪罗的《卡西纳之战》

史诗般叙述了有德公民武装起来为他们的城市而战。

显示了米开朗琪罗对裸体男性肢体对应的着迷。

表明公民的道德和理想主义信念。

▲ **《卡西纳之战》**

由米开朗琪罗的学生亚里士多德·德·圣加洛（根据米开朗琪罗的作品）复制板上油画

约1542年，30英寸×51英寸（77厘米×130厘米）

《安吉利亚之战》 ▲

彼得·保罗·鲁本斯（根据达·芬奇的作品）复制

约1603年，18英寸×25英寸（45厘米×64厘米）

生动地描绘了战争的野蛮

展示了达·芬奇对解剖细节的迷之关注

暗示出一定程度的对战争英雄和大无畏理念的怀疑

达·芬奇的《安吉利亚之战》

尽管米开朗琪罗从未着一笔，但是达·芬奇确实完成了一部分，并且从未在随后被画家瓦萨里覆盖的作品之下发掘出他画的部分。

解剖学

达·芬奇解剖过许多人类和动物的尸体，其中一具完整的人体是在1507年冬解剖的。他的解剖素描其精确性和生动性从未被超越，但是达·芬奇一边进行“现代”科学研究，一边又保留了中世纪宇宙哲学观，即自然的一切遵循同样的模式。人类和宇宙其他生物一样，是由相同的元素构成，因此类似随处可见。

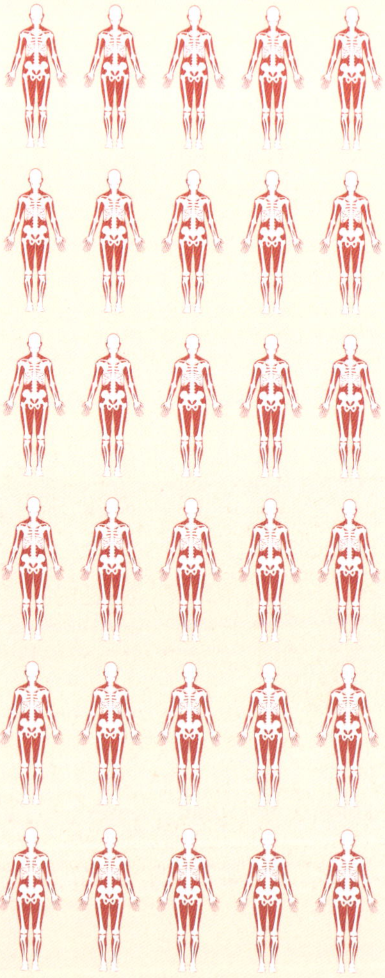

解剖学笔记

18 页双面笔记

240 多张细致的素描

13000 个镜像文字

30 多具尸体解剖

平均两年一具

达·芬奇在1510到1511年的人体研究集保存在温莎的皇家收藏中。
就是著名的《解剖手稿A》。

头骨

达·芬奇把蜡液灌入头骨确定头盖骨的洞，并成功绘制出精准的解剖图。

大脑

在研究人类灵魂时，达·芬奇推测大脑正是身体的“指挥中心”。

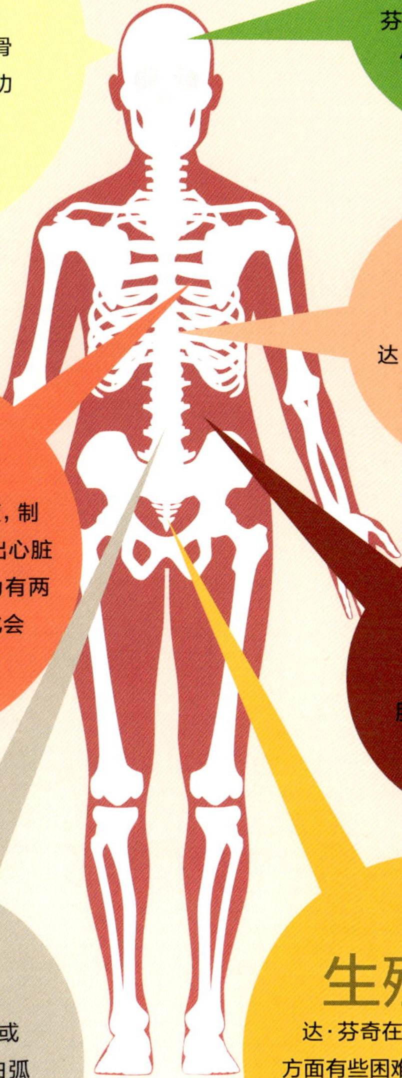

躯干

达·芬奇精准地观察出各类器官的位置。

心脏

达·芬奇在心脏中灌入蜡液，制作出它的石膏模型。他辨别出心脏有4个心室，在此之前被认为有两个，并且正确暗示动脉硬化会造成终生健康问题。

肝

他画了一个过大的肝脏，并且成功辨别出肝病的死因。

脊柱

达·芬奇工程方面的知识或许是他正确描绘脊柱弯曲弧度和椎骨细节的原因。然而他错误地认为脊柱是精液的来源。

生殖系统

达·芬奇在描绘女性生殖系统方面有些困难，可能因为女性尸体的缺乏，他的素描描绘了一个类似母牛的生殖系统。

《最后的晚餐》传

1495年，达·芬奇接到委托在米兰圣玛丽慈悲修道院描绘一幅壁画《最后的晚餐》。达·芬奇没有使用湿壁画技法，即在可吸收颜料的湿灰墙上作画，使画和墙融为一体，而是在干墙上用油和坦培拉作画。这可以使他慢慢践行他的渐隐效果，但是却对画造成了损坏，因为环境潮湿，画几乎一完成就开始脱落。

▲ **《最后的晚餐》**
灰墙上油画和坦培拉，1495~1498
181英寸×346英寸（460厘米×880厘米）

三的力量

《最后的晚餐》有几处涉及圣三位一体。

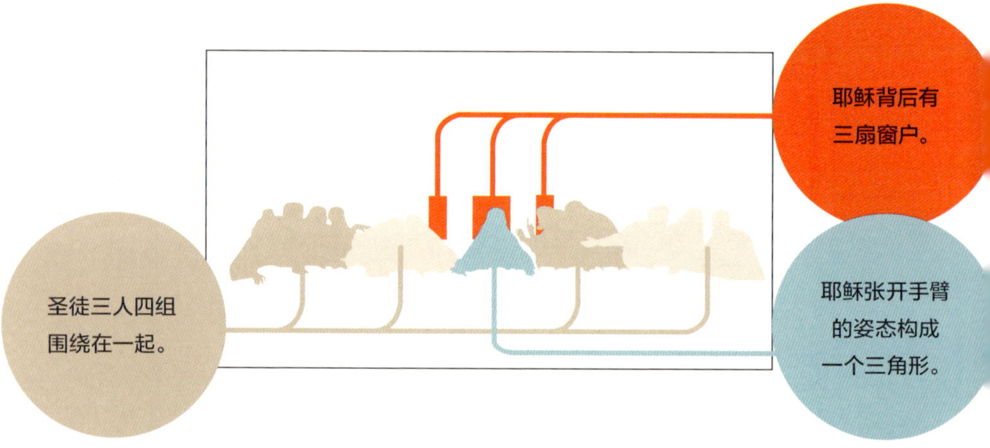

修复史

7
次修复尝试

最后一次修复
花费了 21 年

在修复上总共花费
50000
小时

42%
的原始画面被保存

毁坏史

十五世纪

1495年委托作画。

1495–1498年达·芬奇作画。

十六世纪

1517年作品开始脱落。

1556年乔治·瓦萨里形容作品已经“毁坏”。

十七世纪

1652年，沿着画的下半部分凿出一个门廊。

十八世纪

1796年，反教权的法国革命军用石头攻击了作品。

十九世纪

1821年一次剥离壁画的尝试，严重损坏其中心部分。

二十世纪

1943年修道院在第二次世界大战期间被同盟国的轰炸严重破坏。

遗失的作品

达·芬奇完成的作品非常少，其中一些如《最后的晚餐》和他为斯福尔扎城堡所画的天轴厅天顶画——仍处于斑驳状态。从当时的文献，包括瓦萨里的《名人传》中，我们知道，他大部分作品遗失了。也有一些作品，它们的归属存在争议。

《安吉利亚之战》

1504年，达·芬奇收到皮耶罗·索德里尼的委托，开始绘制用于装饰佛罗伦萨维奇奥宫五百人大厅的绘画。据说，后来在16世纪60年代重修维奇奥宫时，被乔尔乔·瓦萨里覆盖。

一层新的绘画

《丽达和天鹅》

这幅作品绘制于1504~1508年间，描绘了裸体的丽达拥抱着一只天鹅。它最后出现的地点是1625年的巴黎枫丹白露宫。有几幅复制品和变体作品存世，但是原作被认为是遗失了，现在毁掉了。

现存9幅复制品

莱昂纳多·达·芬奇

04 遗产

“世间可能不会再有如此全能的天才，如此孜孜不倦，如此充满无限可能，如此自然优雅，如此领先于他所在的和之后的几个世纪。”

——依波利特·泰纳《意大利之旅》，1866年

《蒙娜丽莎》传

世界上最著名的作品之一似乎正是达·芬奇无法割舍的作品。这幅作品始于1503年，可能来自主角丈夫、丝绸商人弗朗西斯科·德尔·乔康多的委托。如果事实如此，那么弗朗西斯科注定要像达·芬奇的许多其他顾客一样失望了，因为这幅作品在这位艺术家于法国去世的16年后一直跟随着他，没有交付。有人推测丽莎和达·芬奇有种重要的关系，这就解释了他不愿意让出作品的原因，其实画中本身就有大量的元素可以解释他的依恋。

▲ **《蒙娜丽莎》**

板上油画　1517年

30英寸×21英寸（77厘米×52厘米）

凝视

这是达·芬奇唯一的肖像画。主角直接看向画外，在观者和作品之间创造了一定程度的心里亲密，前所未有。

微笑

据但丁所言，眼睛和嘴巴是心灵的窗户。达·芬奇的肖像画完美地诠释了这一点，聪明地抓住了我们想通过脸部探索人物性格的直接欲望。她为什么对着我们笑？或者，更确切地说，她为什么对着我笑？

水

想象中的托斯卡纳风景不仅仅作为背景，还表达了达·芬奇对人类作为其一员的自然世界的基本模式的看法。水的流动反映在波纹、丽莎的衣服、头发的纹理和她盘旋上升的头巾中。人和自然彼此融合。

材料

《蒙娜丽莎》是一幅油画，画在杨木木板上。达·芬奇使用了一种叫作渐隐法的技法来混合颜色，而且他画得如此微妙以至于没有明显的笔触痕迹。

《蒙娜丽莎》
30英寸×21英寸
（77厘米×52厘米）

没有你想
的那么大

达·芬奇
高5英尺8英寸
（173厘米）

观看她的
平均时间是
15秒

300000

在1911年被盗后，有六位美国富人分别出30万美金购买他们认为的《蒙娜丽莎》。

6000000

每年有600万人参观卢浮宫中的《蒙娜丽莎》。

毕加索被怀疑是《蒙娜丽莎》失窃的嫌疑人，并被带回询问，但是不久后就无罪释放。

始于1503年，终于1517年，可能花了14年时间去绘制

3 在现有的图层下有3层不同的图层

到2017年已有500岁

开始 1503 — 1517 结束

它们能用吗？

达·芬奇的想象如此天马行空，以至于不可能明确说出他设计了多少种不同的机器，也很难确定它们是否真的被制造。虽然飞行器和巨弩抓住了之后几代人的想象力，但他对齿轮和工业机器不太惊人的改进可能引入到当时的技术制造中。

磨镜机

精巧但可能从未使用的

车

坦克

在20世纪初测试成功的

摇摆桥

降落伞

明确投入生产的

文艺复兴的男人（和女人）

“文艺复兴人”一词出现于20世纪初，用来形容博学多才和成绩斐然的人，是对文艺复兴时期的许多艺术家和思想家的概括。达·芬奇正是文艺复兴人的典范，但是在他之前和之后也有其他一些典范，甚至有一些文艺复兴妇女。

阿尔·比鲁尼

973－1048

物理学家
天文学家
历史学家
语言学家
自然科学家
药物学家

宾根的希尔德加德

1098－1179

神学家
诗人
哲学家
剧作家
作曲家
自然历史学家
植物学家
心理学家

伽利略

1564－1642

天文学家
工程师
物理学家
哲学家
数学家

查尔斯·伯吉斯·弗赖伊

1872－1956

国际足球运动员和板球运动员

世界跳远记录保持者

外交官　记者　作家

（几乎是）阿尔巴尼亚的国王

奥逊·威尔斯

1915－1985

演员

电影导演

剧场导演

作家

魔术师

西蒙娜·德·波伏娃

1908－1986

作家

知识分子

哲学家

政治活动家

女权运动者和社会理论家

艾利克斯·康福 1920－2000

内科医生

老年医学家

性学家

海洋生物学家

政治活动家

诗人

小说家

心理学家

翻译家

改编达·芬奇

达·芬奇的作品以不同的方式被接受和改编。人们用他设计的素描制作了产品模型，其他艺术家复制和恶搞他的作品，他至少把一本小说推向了畅销榜单。他创造的多样的、暗示的、浓厚的和强烈的想象世界，甚至在他死后500年，都提供了很大的探索空间。

《蒙娜丽莎》被复制用于：

3000

杯咖啡

10000

个软糖

5000

个乐高积木

100000

个宝石

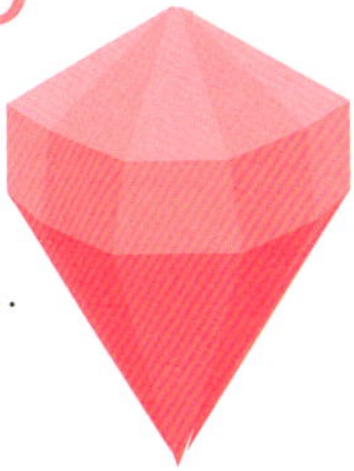

315

个魔方

《达·芬奇密码》把达·芬奇列为郇山隐修会的一员，认为他把抹大拉的玛利亚画入《最后的晚餐》中，而且书中有一具摆成维特鲁威人姿态的尸体。但这些却无碍于书的销售。

《达·芬奇密码》的销售额大约：

82000000 英镑

不同语言的版本：

42种

寻找达·芬奇

《行走的熊》

用银针笔画于纸上，约1482-1485年

4英寸×5英寸（10厘米×13厘米）

▲ 《圣母、圣婴和圣安娜》

板上油画，约1503-1519年

66英寸×51英寸（168厘米×130厘米）

▲ 《圣哲罗姆》

板上油画，约1482年

41英寸×29英寸（103厘米×74厘米）

绘画作品

- **乌菲奇美术馆，佛罗伦萨**
  《圣母领报》
  《博士来拜》
- **老绘画陈列馆，慕尼黑**
  《手持康乃馨的圣母》
- **国家画廊，华盛顿**
  《吉内夫拉·德本奇像》
- **梵蒂冈画廊，罗马**
  《荒野中祈祷的圣哲罗姆》
- **安布罗齐亚纳美术馆，米兰**
  《音乐家肖像》
- **艾尔米塔什博物馆，圣彼得堡**
  《柏诺瓦的圣母》
- **卢浮宫，巴黎**
  《蒙娜丽莎》
  《岩间圣母》
  《费隆妮叶夫人》
  《圣母、圣婴和圣安妮》
  《施洗者约翰》
- **札托里斯基博物馆，克拉科夫**
  《抱银鼠的女子》
- **国家画廊，伦敦**
  《岩间圣母》
- **圣玛利亚慈悲修道院，米兰**
  《最后的晚餐》
- **私人收藏，纽约**
  《纺车边的圣母》
- **苏格兰国家美术馆，爱丁堡**
  《纺车边的圣母》

笔记

- **安布罗修图书馆，米兰**
  《大西洋手稿》（1478~1519）
- **法兰西学院，巴黎**
  《巴黎手稿A-M》
  《阿什伯纳姆手稿，一和二》（约1492）
- **提福兹欧图书馆，米兰**
  《提福兹欧手稿》（约1487-1490）
- **西班牙国家图书馆，马德里**
  《马德里手稿一》（15世纪90年代）
  《马德里手稿二》（1503-1504）
- **维多利亚和阿尔贝特博物馆，伦敦**
  《佛斯特手稿一，二、三》（约1487-1505）
- **皇家博物馆，都灵**
  《鸟类飞行手稿》（1505）
- **梵蒂冈图书馆，罗马**
  《乌尔比诺手稿》（约1530）
- **大英图书馆**
  《阿伦德尔手稿》（1480-1581）

素描

- 大英博物馆，伦敦
- 皇室收藏，温莎
- 大都会博物馆，纽约
- 卢浮宫，巴黎
- 阿什莫尔博物馆，牛津
- 乌菲奇美术馆，佛罗伦萨
- 皇家博物馆，都灵
- 佛罗伦萨学院美术馆，威尼斯
- 国立美术馆，布达佩斯
- 凡柏宁恩博物馆，鹿特丹
- 国家画廊，伦敦

达·芬奇的关键词

直升机
制图法
工程学
透视
乌切利
洪水
发明
理想城市
三米
渐隐法
达·芬奇
天才
微观世界
阴影法
镜文
解剖学
莱奥纳多
最后的晚餐
神圣和谐
自然
有远见的
巨马
绘画
军队
微观世界
人文主义

笔记
镜像书写
素描
比较论
芬奇
维特鲁威人
蒙娜丽莎
雕塑
观察
绘画论述
佛罗伦萨
飞行器
莱斯特手稿
坦克
弗朗西斯·梅尔兹
解剖
建筑
文艺复兴人
米开朗琪罗
大炮
卢多维科·斯福尔扎
旋涡
维特鲁威

小传

卢多维科·斯福尔扎
（1452~1508）
1494年到1499年为米兰大公，他是达·芬奇最重要的一位赞助人。他委托了壁画《最后的晚餐》和没有完成的他父亲的骑马纪念碑像。

安德烈·德尔·韦罗基奥
（约1435~1488）
佛罗伦萨画家，雕塑家和金匠，他在1469年左右成为达·芬奇的老师。他是佛罗伦萨最重要的一个艺术家工作室的大师，从他工作室里出来很多重要的艺术家。

洛伦佐·德·美蒂奇
（1449~1492）
达·芬奇年轻时期佛罗伦萨共和国的实际统治者，著名的艺术赞助人。1481年，洛伦佐在把达·芬奇送往米兰方面发挥了重要作用，他与卢多维科·斯福尔扎外交的任务的一部分。

丽莎·格拉迪尼
（1479~1542）
达·芬奇最著名的作品的模特，她在1492年与丝绸富商人弗朗西斯科·德尔·乔康达结婚。她有五个孩子，死于佛罗伦萨的一个修道院，从未拥有她那周游列国的肖像画。

米开朗琪罗·博那罗蒂
（1475~1564）
雕塑家、画家、建筑家和诗人，是达·芬奇在最伟大艺术家地位方面的强敌，尽管他们的外表和个性截然相反。

拉斐尔
（1483~1520）
与达·芬奇、米开朗琪罗一起构成了文艺复性盛期三杰，他的作品显示出达·芬奇的影响。

卢卡·帕西欧里
(约1447~1517)
一位方济各会的修士和数学家，他在1497年进入卢多维科·斯福尔扎的宫廷时认识了达·芬奇。达·芬奇为他的《神圣比例》(1509年)绘制了插图。

乔凡尼·弗朗西斯科·梅尔兹
(约1491年~1570)
一位米兰贵族的子嗣，梅尔兹在1506年成为达·芬奇的随从，并成为他的同伴。梅尔兹是达·芬奇的遗嘱执行人，为达·芬奇绘制了一幅著名的粉笔肖像，现藏于温莎的皇家收藏。

弗朗西斯一世
(1494~1547)
在1515年成为法国国王，直到去世。从1516年开始，弗朗西斯就是达·芬奇最后的赞助人。达·芬奇把他大量的作品带到这位国王的宫廷，直到他去世后都保存在法国。

乔尔乔·瓦萨里
(1511~1574)
画家、建筑家和作家，瓦萨里最著名的是他的《名人传》，最初在1550年发表。直到19世纪中叶，这都是关于达·芬奇信息的主要来源。

伊莎贝拉·埃斯特
(1474~1539)
自1490年成为曼图亚侯爵夫人，伊莎贝拉是意大利文艺复兴时期最重要的一位艺术赞助人。她委托了达·芬奇一幅肖像画，但只曾完成了草图。人们认为她可能是《蒙娜丽莎》中的模特。

乔凡尼·安布罗吉奥·德·普雷迪斯
(约1455~约1508)
画家、微图画家，和他的兄弟埃万杰利斯塔一起与达·芬奇合作了祭坛画《岩间圣母》。兄弟二人在木板侧面签了名。

追随者　赞助人
模特　同伴

致谢

图片来源说明

出版方想要向本书中的以下图片复制许可方致谢。

竭力感谢每位版权持有人，若有遗漏，在此致歉。

7 © Shutterstock.
14 © Shutterstock/Everett Historical.
15 © Shutterstock/Schwabenblitz.
20 © Dover Images.
21 © Dover Images.
46 © Shutterstock/Angela Jones.
47 © Dover Images.
48 © Getty Images/Corbis Fine Art.
49 © Shutterstock.
49 © Shutterstock/Angela Jones.
54 © FineArt / Alamy Stock Photo.
55 © Dover Images.
60 © Dover Images.
63 © Shutterstock/ARCHITECTEUR.
65 © Getty Images/Apic.
68 © Dover Images.
69 © Dover Images.
70 © Getty Images/De Agostini Picture Library.
71 © University of Leuven.
73 © Shutterstock/bluezace.
74 © Dover Images.
80 © Shutterstock.
81 © Shutterstock.
88 © Dover Images.